AF270617

Pingüino juanito

Grace Hansen

ANIMALES DE LA ANTÁRTIDA

Abdo Kids

Abdo Kids Jumbo es una subdivisión de Abdo Kids
abdobooks.com

abdobooks.com

Published by Abdo Kids, a division of ABDO, P.O. Box 398166, Minneapolis, Minnesota 55439.
Copyright © 2024 by Abdo Consulting Group, Inc. International copyrights reserved in all countries.
No part of this book may be reproduced in any form without written permission from the publisher.
Abdo Kids Jumbo™ is a trademark and logo of Abdo Kids.

102023

012024

THIS BOOK CONTAINS
RECYCLED MATERIALS

Spanish Translator: Maria Puchol

Photo Credits: Getty Images, iStock, Shutterstock

Production Contributors: Teddy Borth, Jennie Forsberg, Grace Hansen
Design Contributors: Candice Keimig, Victoria Bates

Library of Congress Control Number: 2023939976

Publisher's Cataloging-in-Publication Data

Names: Hansen, Grace, author.

Title: Pingüino juanito/ by Grace Hansen

Other title: Gentoo penguin. Spanish

Description: Minneapolis, Minnesota: Abdo Kids, 2024. | Series: Animales de la Antártida | Includes
    online resources and index

Identifiers: ISBN 9781098269845 (lib.bdg.) | ISBN 9798384900405 (ebook)

Subjects: LCSH: Gentoo penguin--Juvenile literature. | Penguins--Juvenile literature. | Penguins--
    Behavior--Juvenile literature. | Zoology--Antarctica--Juvenile literature. | Antarctica--Juvenile
    literature. | Spanish Language Materials--Juvenile literature.

Classification: DDC 591.709113--dc23

Contenido

La Antártida

La Antártida es el continente más meridional de la Tierra. Está casi toda cubierta de hielo. A pesar de ser uno de los puntos más fríos, secos y ventosos del planeta, algunos animales asombrosos viven allí.

África
América del Sur
Antártida
Polo Sur
Oceanía

El pingüino juanito

Este pingüino vive por todo el **hemisferio sur**. Se ven muchos en la **península antártica** y en las islas que la rodean.

Viven en **colonias**. Pueden ser colonias de unas docenas de pingüinos o de miles de ellos.

Pueden llegar a medir

alrededor de 30 pulgadas

de altura (76 cm) y pesar

alrededor de 12 libras (5.4 kg).

Las plumas del pingüino juanito
son blancas y negras. La mayor
parte de su cara es negra con
una mancha blanca encima
de los ojos y su pico es de un
vistoso anaranjado.

Son los pingüinos más rápidos nadando. Pueden llegar a nadar a 22 millas por hora (35 km/h) y bucear a una profundidad de 600 pies (182 m).

Pesca y alimentación

Estos pingüinos pasan el día en la orilla del mar listos para pescar. Cuando van detrás de una presa pueden estar bajo el agua hasta siete minutos. Les gusta comer pescado, calamares y krill.

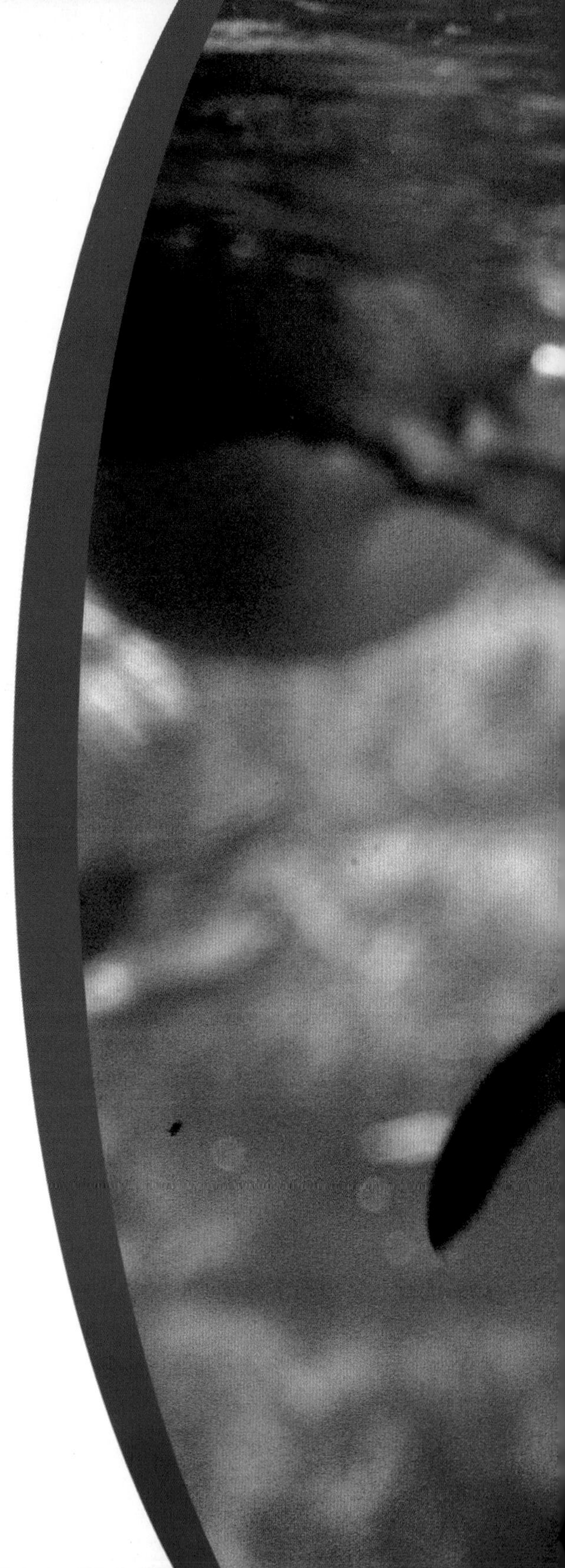

Crías de pingüinos juanito

Los machos y las hembras se juntan para tener crías. Construyen nidos con piedras, hierba y plumas. Las hembras ponen dos huevos pero los dos padres se turnan para mantenerlos calientes.

Los huevos eclosionan alrededor de 35 días después y los padres cuidan de las crías durante un mes. Después las crías forman **guarderías** y se mantienen juntas hasta que les crecen las plumas.

Más datos

- Los pingüinos juanito tienen la cola más larga
  que el resto de pingüinos. La cola se mueve de
  lado a lado cuando caminan.

- Los machos intentan atraer a las hembras
  llevándoles piedras como regalo.

- Estos pingüinos llegan a tirarse al agua hasta
  450 veces al día para poder conseguir comida.

Glosario

colonia – grupo de animales de una misma especie que conviven en un territorio limitado.

guardería – lugar en el que se juntan crías para ser cuidadas.

hemisferio sur – mitad de la Tierra por debajo del ecuador.

krill – diminutos crustáceos que viven en mar abierto.

península antártica – gran extensión de tierra al oeste de la Antártida. Mide alrededor de 800 millas de largo (1300 km) y es la parte más al norte del continente.

presa – animal que es cazado para ser comido por otro animal.

Índice

¡Visita nuestra página **abdokids.com** para tener acceso a juegos, manualidades, videos y mucho más!

Los recursos de internet están en inglés.